XIII

SPADS

W. VANCE - J. VAN HAMME

DARGAUD BENELUX

MCMLXXXVII
© DARGAUD BENELUX

Tous droits de traduction, de reproduction et
d'adaptation strictement réservés pour tous pays
Dépôt légal d/1987/2377/296
ISBN 2-87129-023-7

LE PRÉSIDENT WILLIAM B. SHERIDAN A ÉTÉ ASSASSINÉ EN PLEINE RUE AU COURS D'UNE VISITE OFFICIELLE DANS LE SUD DU PAYS. JOURNÉE DE DEUIL NATIONAL QU'UN JOURNALISTE À LA VERVE ROMANTIQUE BAPTISA **LE JOUR DU SOLEIL NOIR.**

LE HASARD D'UN FILM D'AMATEUR A PERMIS D'IDENTIFIER LE MEURTRIER : LE CAPITAINE **STEVE ROWLAND**, EX-OFFICIER DES SPADS*, OFFICIELLEMENT TUÉ QUELQUES ANNÉES PLUS TÔT EN SERVICE COMMANDÉ.

* SPECIAL ASSAULT & DESTROYING SECTIONS : UNITÉS SPÉCIALES DE SUPER-COMMANDOS.

LE **COLONEL AMOS,** CHARGÉ DE L'ENQUÊTE SOUS LA DIRECTION DU JUGE **ALLENBY**, RÉUSSIT À METTRE LA MAIN SUR ROWLAND. MAIS CELUI-CI, BLESSÉ À LA TÊTE, A TOTALEMENT PERDU LA MÉMOIRE. SEUL SIGNE PARTICULIER : IL PORTE LE CHIFFRE XIII TATOUÉ SOUS LA CLAVICULE GAUCHE.

SE RÉVÉLANT UN HOMME D'ACTION EXCEPTIONNEL, L'AMNÉSIQUE ÉCHAPPE À AMOS ET SE RÉFUGIE AUPRÈS DE CEUX QU'IL CROIT ÊTRE LES MEMBRES DE SA FAMILLE. IL Y EST VICTIME D'UNE MACHINATION OURDIE PAR FELICITY, SA JEUNE ET TROP SÉDUISANTE BELLE-MÈRE, QUI LE FAIT ACCUSER DU MEURTRE DE SON "PÈRE" ET DE SON "ONCLE".

S'ÉCHAPPANT UNE FOIS DE PLUS, XIII RÉUSSIT À RETROUVER CELLE QUI DEVRAIT DÉTENIR LA CLÉ DE SA VÉRITABLE IDENTITÉ : KIM **ROWLAND**, ÉPOUSE DE L'EX-CAPITAINE. LA JEUNE FEMME LUI APPREND QUE LE VRAI ROWLAND EST BIEN MORT.

MAIS KIM PORTE, ELLE AUSSI, UN CHIFFRE ROMAIN TATOUÉ SOUS LA CLAVICULE GAUCHE. EST-CE LE SIGNE DISTINCTIF DE L'ORGANISATION QUI A FAIT ASSASSINER SHERIDAN ? QUEL RÔLE JOUE RÉELLEMENT LA JEUNE FEMME ? XIII N'A PAS LE TEMPS D'EN APPRENDRE D'AVANTAGE....

IL EST ARRÊTÉ, JUGÉ POUR LE MEURTRE DE SES "PARENTS" ET CONDAMNÉ À LA RÉCLUSION À PERPÉTUITÉ DANS LE SINISTRE ASILE PÉNITENCIAIRE DE **PLAIN ROCK.**

SACHANT SON GIBIER AINSI MIS À L'ABRI, LE COLONEL AMOS N'A PAS RENONCÉ À IDENTIFIER LE MYSTÉRIEUX AMNÉSIQUE, SEUL MOYEN QU'IL AIT DE REMONTER À LA TÊTE DU COMPLOT.
IL A, LUI AUSSI, ACQUIS LA CERTITUDE QUE LE PRISONNIER DE PLAIN ROCK N'EST PAS LE VRAI ROWLAND, APRÈS AVOIR DÉCOUVERT QUE XIII PORTE DES TRACES D'UNE OPÉRATION DE CHIRURGIE PLASTIQUE DESTINÉE À EN FAIRE LE SOSIE DU CAPITAINE DISPARU.
CE SONT NÉANMOINS SES EMPREINTES QUI ONT ÉTÉ RETROUVÉES SUR L'ARME QUI A TUÉ LE PRÉSIDENT SHERIDAN.
DONC, POUR LE COLONEL, XIII EST BIEN L'AUTEUR DE L'ATTENTAT.

AVEC L'AIDE DU GÉNÉRAL BEN CARRINGTON, EX-COMMANDANT DES SPADS DEVENU CHEF DE L'ÉTAT-MAJOR INTERARMES, AMOS ET LE JUGE ALLENBY ÉTABLISSENT LA LISTE DE TOUS LES HOMMES AYANT SUIVI UN ENTRAÎNEMENT SPÉCIAL DE COMMANDO ET DONT LA MORPHOLOGIE SE RAPPROCHE DE CELLE DE XIII _

ILS TROUVENT 26 NOMS, DONT CEUX DE TROIS MORTS ET D'UN DISPARU.
IL FAUDRA LES VÉRIFIER TOUS. MAIS C'EST LA PISTE DU DISPARU, UN CERTAIN ROSS TANNER, QUI SEMBLE À PREMIÈRE VUE LA PLUS INTÉRESSANTE.

C'EST ALORS QU'UNE FOIS DE PLUS, XIII DÉJOUE LES PLANS DU COLONEL EN S'ÉVADANT DE PLAIN ROCK. AVEC LA COMPLICITÉ DU LIEUTENANT JONES, LA TRÈS EXPLOSIVE ASSISTANTE PERSONNELLE DU GÉNÉRAL CARRINGTON.

AMOS, FOU DE RAGE, N'EST PAS DUPE DU RÔLE JOUÉ PAR LE GÉNÉRAL DANS CETTE ÉVASION. MAIS FAUTE DE PREUVE, IL EST IMPUISSANT. QUEL BUT POURSUIT CARRINGTON ? FERAIT-IL, LUI AUSSI, PARTIE DU COMPLOT ?
AUTANT DE QUESTIONS ESSENTIELLES AUXQUELLES LE COLONEL S'EST JURÉ DE TROUVER LA RÉPONSE.

MAIS LE GRAND PUBLIC, LUI, IGNORE TOUT DE CETTE GUERRE DE L'OMBRE.
POUR L'INSTANT, IL SE PASSIONNE POUR UNE AUTRE GUERRE, PLUS OUVERTE MAIS À PEINE MOINS MEURTRIÈRE :
LA CAMPAGNE ÉLECTORALE POUR LES PROCHAINES **ÉLECTIONS PRÉSIDENTIELLES !**

D'UNE PART LE TENANT DU TITRE, JOSEPH K. GALBRAIN, L'ANCIEN VICE-PRÉSIDENT DE SHERIDAN QUI, APRÈS AVOIR SUCCÉDÉ AU DISPARU, BRIGUE UN NOUVEAU MANDAT.

UN PAYS COMME LE NÔTRE N'A PLUS LE DROIT DE LAISSER UN MONDE À LA DÉRIVE L'ENTRAÎNER DANS SA CHUTE. NOUS DEVONS PROTÉGER NOTRE ÉCONOMIE MENACÉE. NOUS DEVONS RENFORCER NOTRE POTENTIEL MILITAIRE POUR ASSURER LA DÉFENSE DE NOTRE SUPRÉMATIE. L'HEURE, MES AMIS, N'EST PLUS AUX CHOIX TIMIDES : SOUS PEINE D'ÊTRE ÉCRASÉS, IL NOUS FAUT DOMINER !

ET D'AUTRE PART LE CHALLENGER, LE JEUNE SÉNATEUR WALTER "WALLY" SHERIDAN, FRÈRE CADET DU PRÉSIDENT ASSASSINÉ.

POURSUIVANT L'ŒUVRE DE SES PLUS ILLUSTRES PRÉDÉCESSEURS, MON FRÈRE AVAIT CHOISI DE TENDRE LA MAIN À TOUS LES PEUPLES DE LA TERRE : MÉDIATION EN FAVEUR DE LA PAIX, LIBÉRALISME DES ÉCHANGES COMMERCIAUX, AIDE ACCRUE AUX NATIONS LES PLUS DÉFAVORISÉES. CETTE POLITIQUE DE LA MAIN TENDUE, NOUS DEVONS LA CONTINUER ENSEMBLE ! CAR S'IL EST POSSIBLE...

...QUE L'AVENIR DU MONDE PUISSE DÉPENDRE DE NOUS, IL EST CERTAIN QUE NOTRE AVENIR DÉPENDRA DE CELUI DU MONDE.

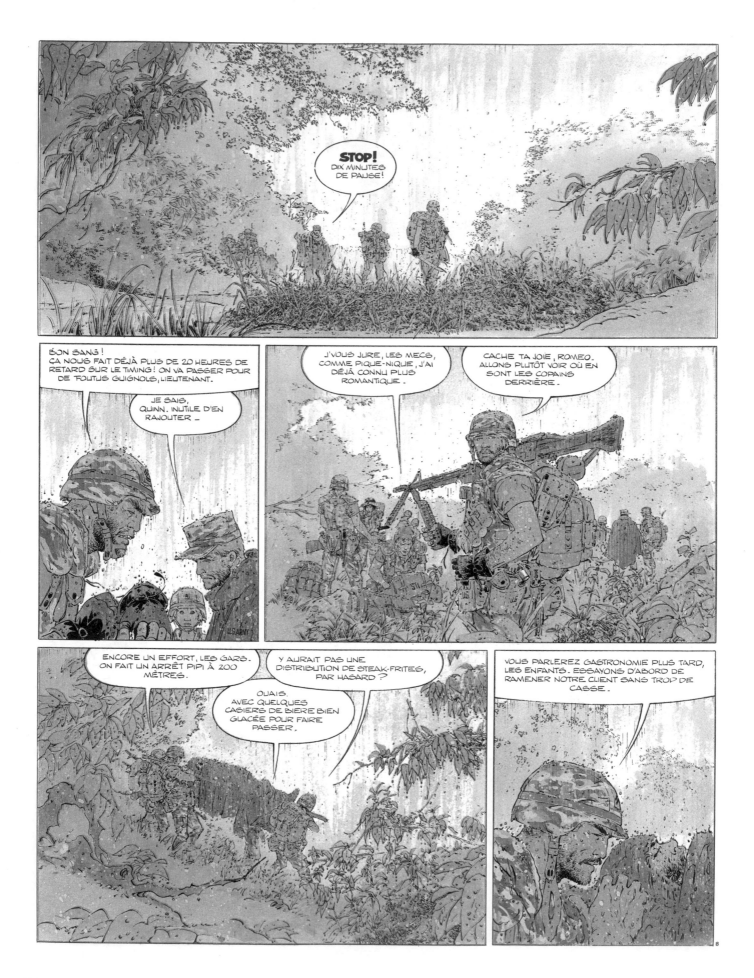

ÇA SIGNIFIE QUE CET EXERCICE DE SURVIE EST CONSIDÉRÉ COMME UNE OPÉRATION **RÉELLE**, TÊTE DE LARD ! EXÉCUTÉ DANS DES CONDITIONS **RÉELLES** ET AVEC DES RISQUES **RÉELS** !

GARDEZ CE GENRE DE POSTILLONADES POUR VOS NOUVELLES RECRUES, QUINN. MOI, J'AI PASSÉ L'ÂGE.

ÇA SUFFIT, CAPORAL, ASSEZ PERDU DE TEMPS COMME ÇA. INSTALLEZ CHAMBERS POUR QU'IL RESTE ICI LE PLUS CONFORTABLE-MENT POSSIBLE, C'EST UN ORDRE.

DÉSOLÉ, LIEUTENANT, MAIS AVEC TOUT LE RESPECT QUE JE DOIS À VOTRE GRADE, VOUS POUVEZ ALLER VOUS FAIRE FOUTRE !

STOKK

IL Y A LONGTEMPS QUE ÇA ME DÉMANGEAIT, TATOUÉ ! UN TOCARD DANS TON GENRE, J'AI TOUT DE SUITE SENTI QUE ÇA NE POURRAIT PAS COLLER, TOI ET MOI...

D'ACCORD, LIEUTENANT, CHAMBERS RESTE-RA ICI. MAIS MOI, JE RESTERAI AVEC LUI, AINSI QUE LES TROIS AUTRES GARS QUI LE TRANSPORTENT DEPUIS DEUX JOURS...

ET VOUS POUVEZ COMPTER SUR MOI POUR NOUS SORTIR DE CETTE JUNGLE PAR NOS PROPRES MOYENS AFIN D'EXPLIQUER À QUI DE DROIT COMMENT VOUS AVEZ ABANDONNÉ **CINQ** DE VOS HOMMES, DONT UN BLESSÉ GRAVE, POUR LA SIMPLE VANITÉ DE RÉUSSIR UN EXERCICE DE ROUTINE.

CE COUP-CI, JE ME LE FARCIS JUSQU'AU...

LAISSEZ TOMBER, QUINN !

TRÈS BIEN, TANNER, VOUS AVEZ GAGNÉ. MAIS JE VOUS JURE QU'APRÈS CECI, JE VOUS EN FERAI TELLEMENT BAVER QU'IL NE VOUS RESTERA MÊME PLUS ASSEZ DE LIQUIDE DANS LE CORPS POUR PLEURER.

POUR L'INSTANT, CE SERAIT PLUTÔT VOUS QUI PERDEZ VOTRE SALIVE, LIEUTENANT.

QUANT À TOI, LE GROS LARD, NE CROIS PAS QUE JE TE TIENS QUITTE. MAIS TU L'AS DIT TOI-MÊME : POUR L'INSTANT, NOUS SOMMES UN PEU PRESSÉS.

TOUJOURS À TA DISPOSITION, TATOUÉ. QUAND TU VOUDRAS, OÙ TU VOUDRAS.

J'AI COMME L'IMPRESSION QUE TU T'ES FOURRÉ JUSQU'AU COU DANS LES EMBROUILLES, MON POTE. D'ICI AU PÔLE NORD, TU TROUVERAS PAS PLUS VACHARD QUE CE SALAUD DE QUINN.

LAISSE TOMBER, SAMMY...

LE SEUL, ICI, QUI AIT VRAIMENT DES PROBLÈ- MES, C'EST LUI. NE T'EN FAIS PAS, MON VIEUX : ON VA TE TIRER DE LÀ, TU VERRAS.

LA PAUSE EST TERMINÉE, **EN ROUTE !**

VOS LAISSEZ-PASSER, JE VOUS PRIE.

AUTHORIZED STAFF ONLY

CRAWLEY

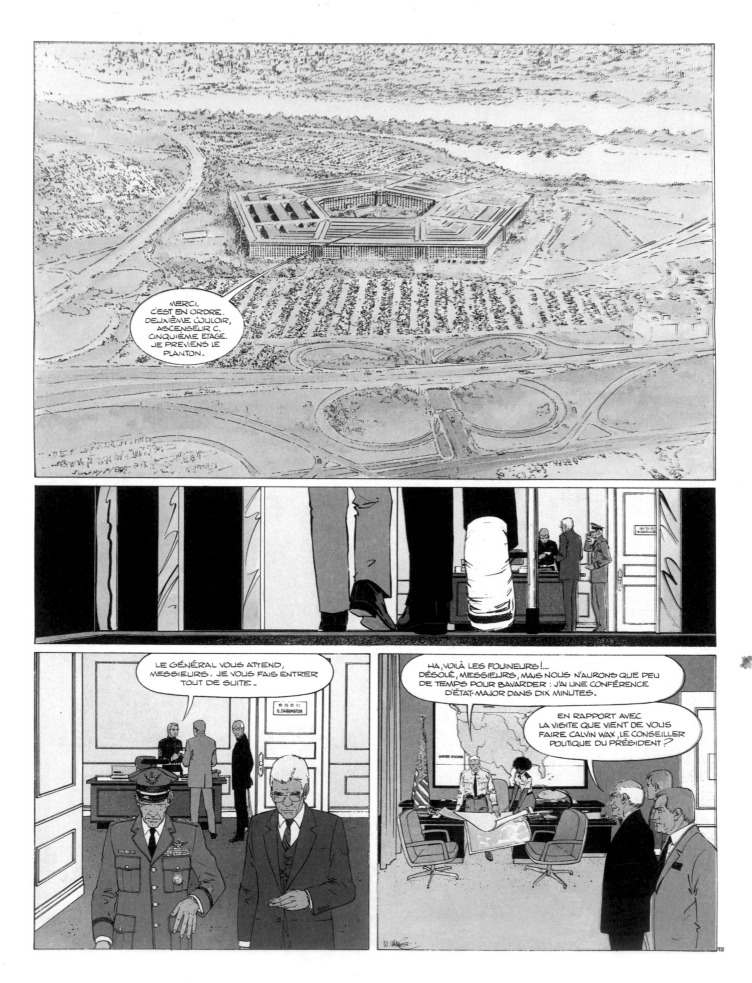

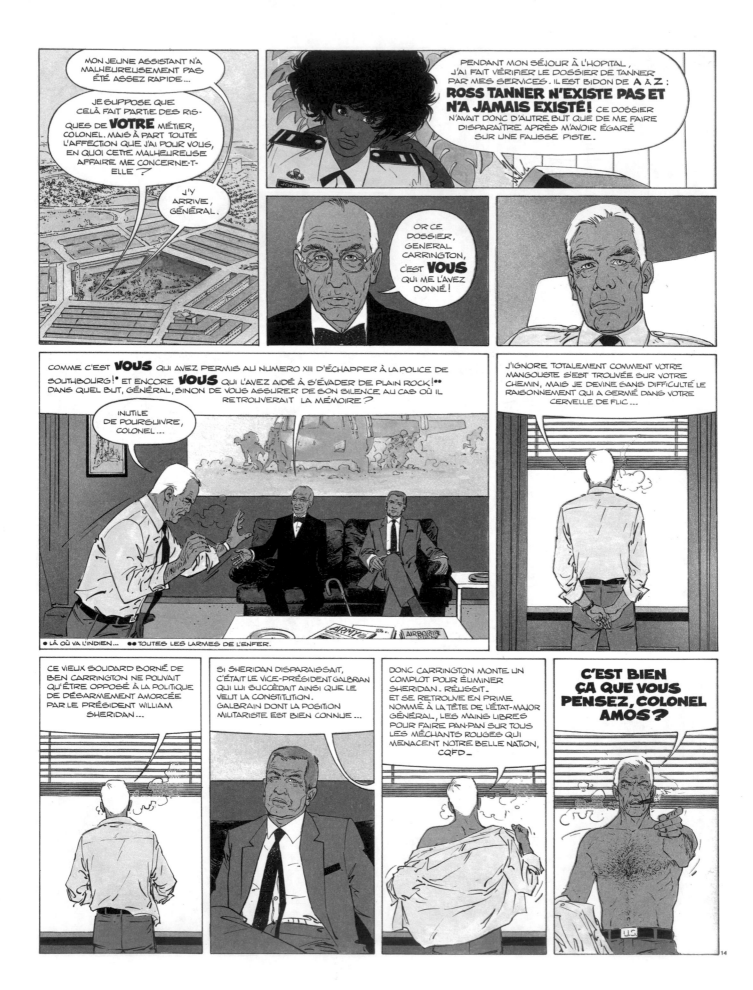

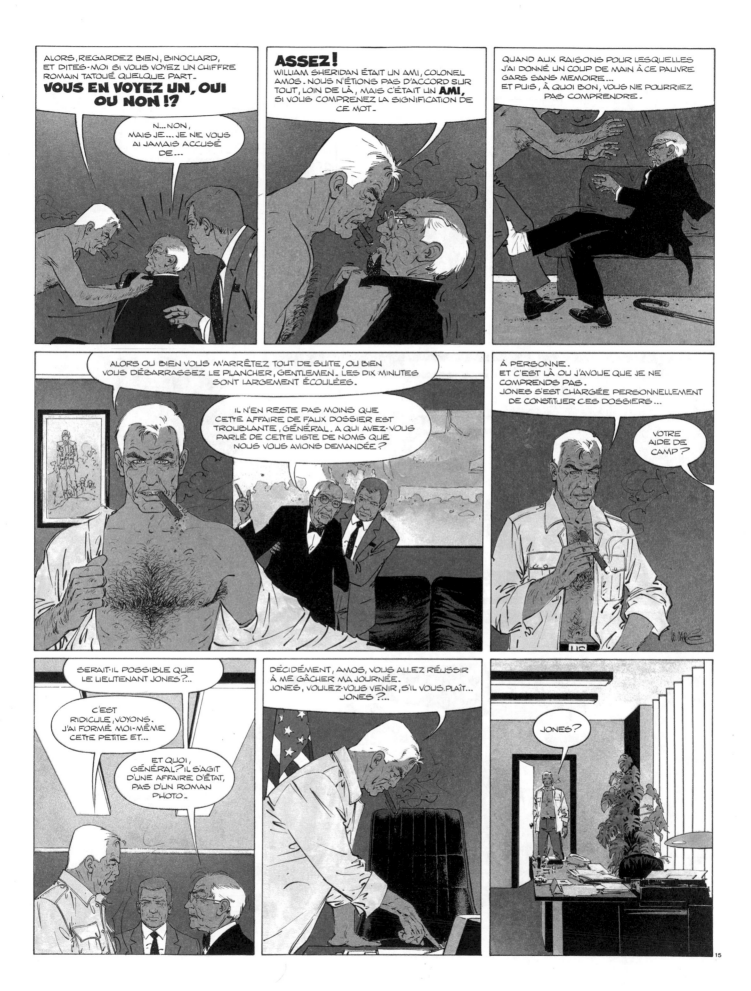

MAIS TOI, ON SE CONTENTE DE TE METTRE AUX ARRÊTS ET DE T'OFFRIR UN SUPPLÉMENT DE SPORT.
LE COLONEL DOIT T'AVOIR À LA BONNE, MON GARS. OU ALORS, T'ES VACHEMENT PISTONNÉ.

ÇA DOIT ÊTRE ÇA : T'ES PISTONNÉ. SINON, T'AURAIS JAMAIS PU ÊTRE PARACHUTÉ ICI, MALGRÉ TA GRANDE GUEULE.
LES **SPADS**, C'EST UNE ARME D'ÉLITE, TANNER. LA CRÈME DES MEILLEURS.

TANDIS QUE TOI, REGARDE-TOI, PAUVRE CLOCHE ! TU TROUVES QUE TU AS L'AIR D'UN COMBATTANT D'ÉLITE ?
ON DIRAIT UNE VIEILLE CALIFORNIENNE ASTHMATIQUE PRENANT SON BAIN DE BOUE POUR ENTRETENIR SON LIFTING.

TU EN AS MARRE, HEIN, TANNER ? TU DOIS MOURIR D'ENVIE DE ME CASSER LA FIGURE, PAS VRAI ? J'AIMERAIS BIEN QUE TU ESSAYES, D'AILLEURS.
MAIS TU NE LE FERAS PAS PARCE QUE TU N'AS PAS DE TRIPES...

TU N'ES QU'UN FAUX DUR, TANNER. UNE LOPETTE, UNE LARVE QU'ON ÉCRASE...

COMME ÇA !

DANS UNE HEURE À MON BUREAU, TANNER. TENUE PROPRE ET REPASSÉE, ARME NETTOYÉE, MATÉRIEL BRIQUÉ. EXÉCUTION !

20

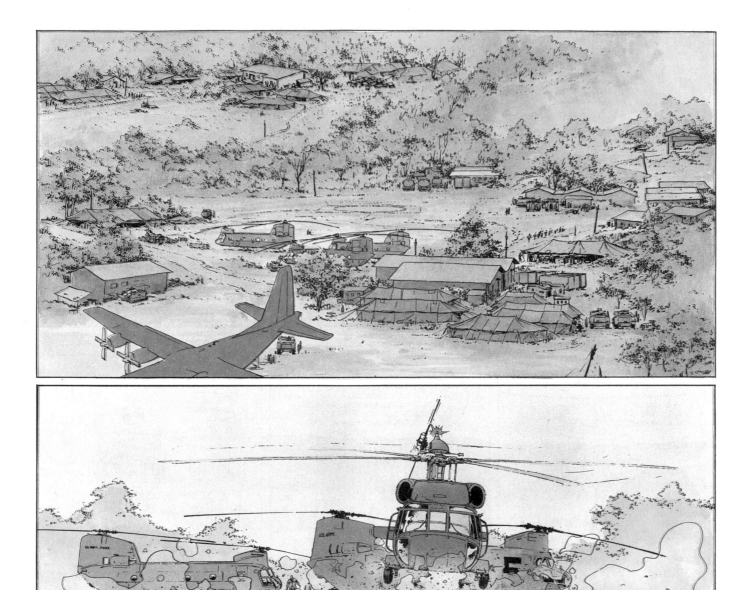

BIENVENUE DANS NOTRE COLONIE DE VACANCES, SIR. J'ESPÈRE QUE VOUS NOUS APPORTEZ DE QUOI REGARNIR LE BAR DE LA CANTINE ?

JE REGRETTE, MON MIGNON, MAIS TOUT CE QUE JE TRANSPORTE, C'EST UN ORDRE DE MISSION POUR LE COLONEL MAC CALL.

VOUS SERIEZ GENTIL DE FAIRE FAIRE UN PETIT CHECK-UP ET LE PLEIN DE MA BESTIOLE : JE REPARS DEMAIN À L'AUBE.

AYE AYE, S... HELI ... MISS... HELI...MON LIEUTENANT ...

19

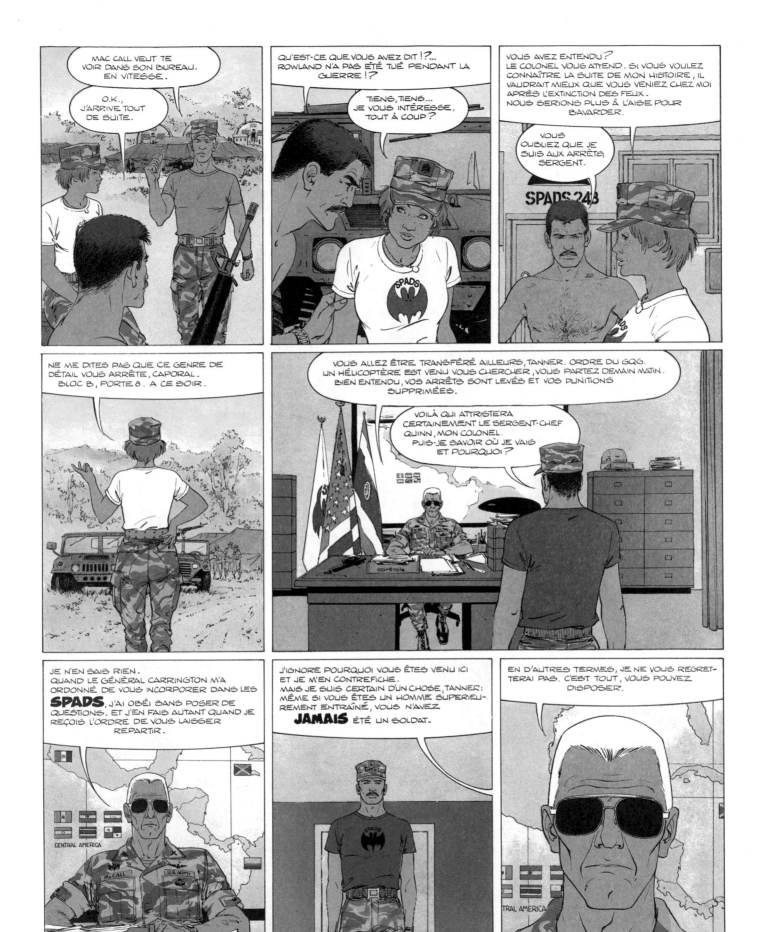

SALUT, TANNER. QUINN EST DANS SON BUREAU ?

JUSQU'AU COU.

POURQUOI CE RENDEZ-VOUS ICI, COLONEL ? JE CONNAIS DES ENDROITS PLUS RIANTS.

PARCE QU'IL Y FAIT CALME. ET QUE JE COMMENCE À ME MÉFIER DES BUREAUX. MÊME DU VÔTRE, JUGE ALLENBY.

VOUS FINIREZ PAR VOIR DES ESPIONS PARTOUT, AMOS. MAIS JE PEUX VOUS ASSURER QUE MES COLLABORATEURS ONT ÉTÉ TRIÉS SUR LE VOLET.

C'EST CE QUE CARRINGTON DISAIT AUSSI DU LIEUTENANT JONES...

QUOIQUE JE RESTE PERSUADÉ QUE CE CHER GÉNÉRAL EST BEAUCOUP PLUS IMPLIQUÉ DANS CETTE HISTOIRE QU'IL N'ESSAIE DE NOUS LE FAIRE CROIRE. N'EST-CE PAS LUI QUI A IDENTIFIÉ LE NUMÉRO XIII COMME ÉTANT STEVE ROWLAND ? •

EXACT. MAIS QUEL RAPPORT ?

PEUT-ÊTRE AUCUN. SINON QUE J'AI RETROUVÉ LE CAPITAINE ROWLAND. **LE VRAI !**

QUOI !? MAIS... OÙ ÇA ?...

ICI.

301

JASON FLY

W.O.

26

JASON FLY ÉTAIT L'UN DES AGENTS DE LA LISTE FOURNIE PAR CARRINGTON ET JONES. SUPPOSÉ MORT EN SERVICE COMMANDÉ. MAIS CETTE LISTE ÉTANT SUSPECTE, J'AI EU L'IDÉE DE FAIRE COMPARER LES CARACTÉRISTIQUES MORPHOLOGIQUES DU CORPS EXHUMÉ AVEC CELLES DU DOSSIER MÉDICAL DE ROWLAND QUE JE M'ÉTAIS PROCURÉ DANS SON PATELIN NATAL DE SOUTHBOURG...

INTUITION PAYANTE, ALLENBY : L'HOMME QU'ON AVAIT ENTERRÉ ICI SOUS LE NOM DE FLY ÉTAIT SANS ERREUR POSSIBLE LE CAPITAINE ROWLAND. NON PAS TUÉ IL Y A TROIS ANS DANS L'EXPLOSION DE SON HÉLICOPTÈRE, **MAIS L'ANNÉE DERNIÈRE DE DEUX BALLES DANS LA POITRINE !**

JASON FLY
W.O.

C'EST À DIRE, D'APRÈS LE MÉDECIN LÉGISTE, À PEU PRÈS **A LA DATE DE L'ASSASSINAT DU PRÉSIDENT SHERIDAN !** ET IL N'Y A AUCUN DOUTE SUR LA CAUSE DE SA MORT : LES BALLES ONT PULVÉRISÉ LES CÔTES À LA HAUTEUR DU CŒUR.

C'EST... VOUS VOULEZ DIRE QUE...

QU'IL EST **POSSIBLE** QUE LE VRAI ROWLAND AIT ÉTÉ EFFECTIVEMENT LE MEURTRIER. C'EST EN TOUS CAS SUR CETTE NOUVELLE BASE QUE NOUS DEVONS REPRENDRE NOTRE ENQUÊTE À ZÉRO. VENEZ, JUGE, IL COMMENCE À FAIRE FRAIS...

INCROYABLE ! ET LE NUMÉRO XIII, ALORS ? QUEL AURAIT ÉTÉ SON RÔLE DANS CETTE AFFAIRE ?

JE L'IGNORE. MAIS JE SUIS PERSUADÉ QUE CARRINGTON, LUI, LE SAIT.

SI ROWLAND A RÉUSSI À SE FAIRE PASSER POUR MORT PENDANT LA GUERRE, IL LUI A FORCÉMENT FALLU DES COMPLICES DANS L'ARMÉE. OR, C'EST LE GÉNÉRAL CARRINGTON QUI, À L'ÉPOQUE, COMMANDAIT LES **SPADS** DONT FAISAIT PARTIE ROWLAND...

MAIS IL N'Y A PAS QUE CARRINGTON. IL Y A AUSSI LE RAPPORT DE L'AUDITEUR MILITAIRE SUR L'EXPLOSION DE L'HÉLICOPTÈRE. RAPPORT QUI IDENTIFIAIT FORMELLEMENT LE CAPITAINE ROWLAND PARMI LES CADAVRES...

30

KIM, JE VIENS DE VOUS LE DIRE, ÉTAIT UN DE MES JEUNES AGENTS LES PLUS PROMETTEURS. IL Y A QUELQUES ANNÉES, SES STAGES D'ENTRAÎNEMENT TERMINÉS, ELLE REÇU COMME PREMIÈRE MISSION D'INFILTRER CERTAINS MILIEUX D'ÉTUDIANTS D'EXTRÊME DROITE.
UNE MISSION DE ROUTINE....

ELLE Y FIT CONNAISSANCE D'UN CERTAIN STEVE ROWLAND, HÉRITIER D'UNE FAMILLE DE PROPRIÉTAIRES TERRIENS DU SUD.
UN GARÇON BRILLANT MAIS EXCESSIF, AIMANT L'ARGENT ET LA VIE FACILE, ET TRÈS ATTIRÉ PAR LES THÉORIES NÉO-FASCISTES.
IL ARRIVA CE QUI ARRIVE PARFOIS DANS CES CAS-LÀ : ILS TOMBÈRENT AMOUREUX L'UN DE L'AUTRE.

KIM, BIEN SÛR, NE LUI AVOUA JAMAIS SON MÉTIER D'AGENT. MAIS ELLE DÉMISSIONNA DU SERVICE.
ILS SE MARIÈRENT QUELQUES MOIS PLUS TARD ET STEVE, QUI SEMBLAIT AVOIR ABANDONNÉ SES ACTIVITÉS POLITIQUES, S'ENGAGEA DANS L'ARMÉE.

PUIS CE FUT LA GUERRE.
TIREUR D'ÉLITE, DEVENU OFFICIER, STEVE FIT UNE CAMPAGNE BRILLANTE DANS LES UNITÉS SPÉCIALES DE GUERILLA QUE VENAIT DE CRÉER NOTRE AMI CARRINGTON,
LES **SPADS.**

SA MORT FUT UN CHOC TERRIBLE POUR KIM. LA JEUNE FEMME PRIT LE DEUIL ET S'APPRÊTA À VIVRE LE TRISTE SORT DES VEUVES DE GUERRE.

JUSQU'À CE QU'UN SOIR, TERRIFIÉE, INCRÉDULE, ELLE ENTENDÎT LA VOIX DE SON MARI AU TÉLÉPHONE. IL LUI ORDONNA DE CE RENDRE EN UN CERTAIN LIEU OÙ DES AMIS SÛRS LA PRENDRAIENT EN CHARGE.
SANS RIEN DIRE À PERSONNE SI ELLE VOULAIT LE REVOIR VIVANT.

SUBJUGUÉE, ELLE OBÉIT.
D'ÉTAPE EN ÉTAPE, ROULANT DE NUIT, ELLE FUT CONDUITE DANS UNE VILLE QU'ELLE IDENTIFIA PLUS TARD COMME ÉTANT EASTOWN.

C'ÉTAIT BIEN SON MARI.
MAIS CE N'ÉTAIT PLUS LE MÊME HOMME.
LA GUERRE L'AVAIT PROFONDÉMENT CHANGÉ.
LA GUERRE, ET AUSSI AUTRE CHOSE....

33

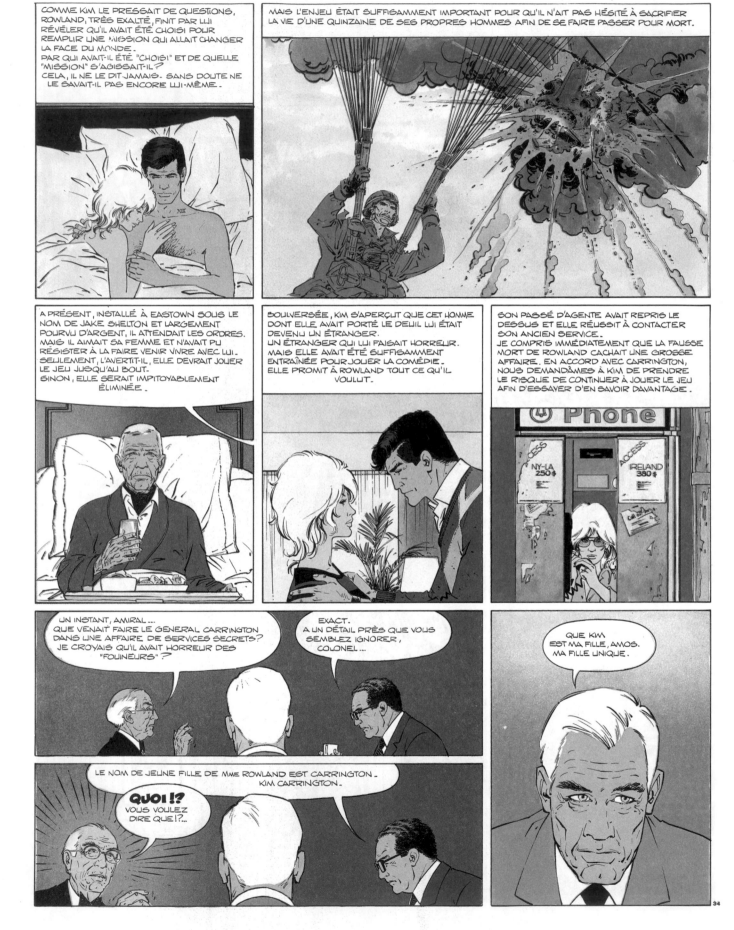

COMME KIM LE PRESSAIT DE QUESTIONS, ROWLAND, TRÈS EXALTÉ, FINIT PAR LUI RÉVÉLER QU'IL AVAIT ÉTÉ CHOISI POUR REMPLIR UNE MISSION QUI ALLAIT CHANGER LA FACE DU MONDE.
PAR QUI AVAIT-IL ÉTÉ "CHOISI" ET DE QUELLE "MISSION" S'AGISSAIT-IL ?
CELA, IL NE LE DIT JAMAIS. SANS DOUTE NE LE SAVAIT-IL PAS ENCORE LUI-MÊME.

MAIS L'ENJEU ÉTAIT SUFFISAMMENT IMPORTANT POUR QU'IL N'AIT PAS HÉSITÉ À SACRIFIER LA VIE D'UNE QUINZAINE DE SES PROPRES HOMMES AFIN DE SE FAIRE PASSER POUR MORT.

A PRÉSENT, INSTALLÉ À EASTOWN SOUS LE NOM DE JAKE SHELTON ET LARGEMENT POURVU D'ARGENT, IL ATTENDAIT LES ORDRES.
MAIS IL AIMAIT SA FEMME ET N'AVAIT PU RÉSISTER À LA FAIRE VENIR VIVRE AVEC LUI.
SEULEMENT, L'AVERTIT-IL, ELLE DEVRAIT JOUER LE JEU JUSQU'AU BOUT.
SINON, ELLE SERAIT IMPITOYABLEMENT ÉLIMINÉE.

BOULEVERSÉE, KIM S'APERÇUT QUE CET HOMME DONT ELLE AVAIT PORTÉ LE DEUIL LUI ÉTAIT DEVENU UN ÉTRANGER.
UN ÉTRANGER QUI LUI FAISAIT HORREUR.
MAIS ELLE AVAIT ÉTÉ SUFFISAMMENT ENTRAÎNÉE POUR JOUER LA COMÉDIE.
ELLE PROMIT À ROWLAND TOUT CE QU'IL VOULUT.

SON PASSÉ D'AGENTE AVAIT REPRIS LE DESSUS ET ELLE RÉUSSIT À CONTACTER SON ANCIEN SERVICE.
JE COMPRIS IMMÉDIATEMENT QUE LA FAUSSE MORT DE ROWLAND CACHAIT UNE GROSSE AFFAIRE. EN ACCORD AVEC CARRINGTON, NOUS DEMANDÂMES À KIM DE PRENDRE LE RISQUE DE CONTINUER À JOUER LE JEU AFIN D'ESSAYER D'EN SAVOIR DAVANTAGE.

4 Phone
NY-LA 250$
IRELAND 380$

UN INSTANT, AMIRAL...
QUE VENAIT FAIRE LE GÉNÉRAL CARRINGTON DANS UNE AFFAIRE DE SERVICES SECRETS ? JE CROYAIS QU'IL AVAIT HORREUR DES "FOUINEURS" ?

EXACT.
A UN DÉTAIL PRÈS QUE VOUS SEMBLEZ IGNORER, COLONEL...

QUE KIM EST MA FILLE, AMOS. MA FILLE UNIQUE.

LE NOM DE JEUNE FILLE DE Mme ROWLAND EST CARRINGTON. KIM CARRINGTON.

QUOI !?
VOUS VOULEZ DIRE QUE !?...

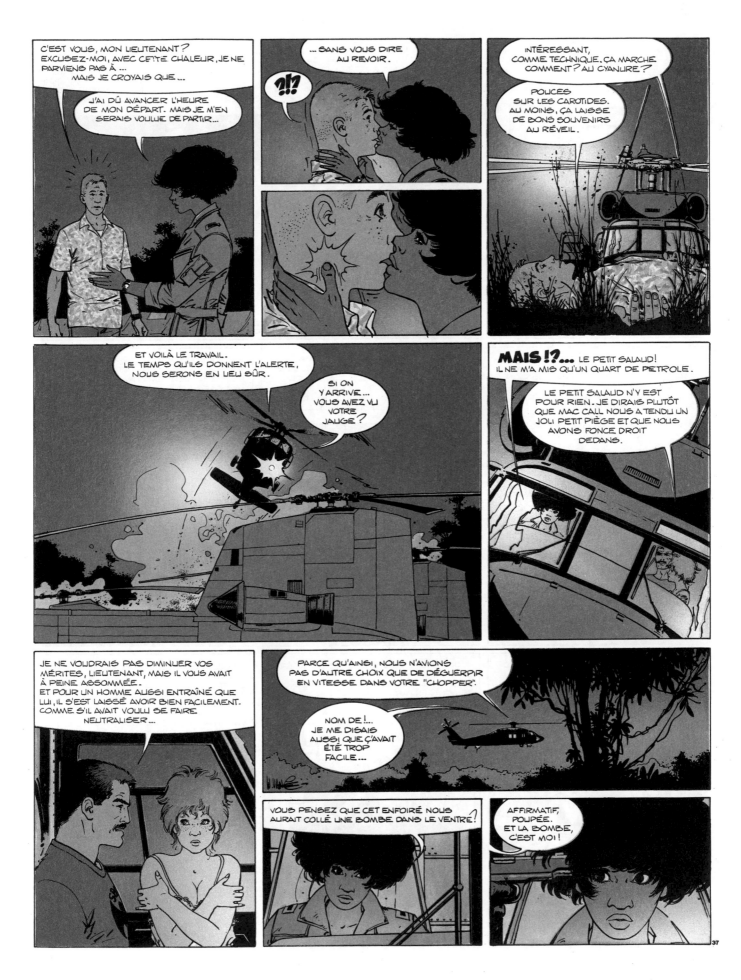

LES LONGS MOIS QUE KIM VÉCUT À EASTOWN SOUS LE NOM DE Mme JAKE SHELTON FURENT SANS DOUTE LES PIRES DE SON EXISTENCE.
ILS LE FURENT, EN TOUS CAS, DE LA MIENNE.

ROWLAND LA FORÇA À SE FAIRE TATOUER UN CHIFFRE ROMAIN AU MÊME ENDROIT QUE CELUI QU'IL PORTAIT LUI-MÊME DEPUIS SA "RÉSURECTION". SOUS LA CLAVICULE GAUCHE.
PUIS IL L'OBLIGEA À PRÊTER SERMENT DEVANT UN "TRIBUNAL" DE CAGOULARDS DANS LE PLUS PUR STYLE KU KLUX KLAN.
OBÉISSANT À L'AMIRAL, KIM ALLA JUSQU'AU BOUT DE CETTE ÉCOEURANTE COMEDIE ET JURA TOUT CE QU'ON VOULUT AU NOM DE LA DÉFENSE DES GRANDES VALEURS OCCIDENTALES.

HÉLAS, TOUT CELA NE SERVIT À RIEN.
IL APPARUT RAPIDEMENT QUE ROWLAND N'ÉTAIT QU'UN PION DANS L'ORGANISATION QUI L'AVAIT RECRUTÉ.
EN OUTRE, IL AVAIT MANIFESTEMENT REÇU L'ORDRE DE SE MÉFIER D'ELLE.
EN DÉPIT DES RISQUES, KIM NE RÉUSSIT JAMAIS À IDENTIFIER UN SEUL DE SES CONTACTS.

JUSQU'AU JOUR OÙ, IL ANNONÇA À SA FEMME QU'IL S'ABSENTAIT POUR QUELQUES TEMPS. IL LUI REMIT LA CLÉ D'UN COFFRE À LA NATIONAL TRUST BANK EN LUI DEMAN-DANT DE LA CACHER JUSQU'À SON RETOUR. MAIS IL REFUSA D'EN DIRE DAVANTAGE.

KIM NOUS PRÉVINT IMMÉDIATEMENT QUE LA FAMEUSE MISSION TANT ATTENDUE ALLAIT PROBABLEMENT ENFIN AVOIR LIEU.
HEIDEGER ACTIONNA SUR LE CHAMP LE DISPOSITIF DE SURVEILLANCE QU'IL AVAIT PRÉVU POUR CETTE CIRCONSTANCE.
MAIS ROWLAND ÉTAIT SUR SES GARDES ET RÉUSSIT À SEMER CEUX QUI LE FILAIENT.

ET NOUS NE COMPRÎMES QUE TROP TARD EN QUOI CONSISTAIT LA FAMEUSE MISSION. BEAUCOUP TROP TARD.

NOTRE SEULE CONSOLATION, BIEN AMÈRE, ÉTAIT DE CONNAÎTRE L'IDENTITÉ DU MEURTRIER. DONC D'ESPÉRER POUVOIR REMONTER, PAR LUI, JUSQU'À LA TÊTE DU COMPLOT.
CET ESPOIR NE DURA PAS LONGTEMPS.

ROWLAND AVAIT BEAU ÊTRE UN DUR, J'IGNORE COMMENT IL TROUVA LA FORCE DE SE TRAÎNER JUSQU'À EASTOWN AVEC DEUX BALLES DANS LA POITRINE.
MAIS IL Y PARVINT.
EN MOURANT DANS LES BRAS DE CELLE QU'IL N'AVAIT MALGRÉ TOUT JAMAIS CESSÉ D'AIMER, IL NE PRONONÇA QUE TROIS MOTS: "TRAHI", "MANGOUSTE" ET " FUIR".
MA FILLE COMPRIT ALORS QU'ELLE ÉTAIT CONDAMNÉE À SON TOUR.

PAR **MA** FAUTE.

PAR **NOTRE** FAUTE.

TOUTE L'OPÉRATION SE SOLDAIT PAR UN LAMANTABLE ÉCHEC. IL NE ME RESTAIT PLUS QU'À TROUVER UNE CACHETTE SÛRE POUR KIM, À TOUT AVOUER AU NOUVEAU PRÉSIDENT ET À DONNER MA DÉMISSION. C'EST ALORS QUE M. SHERIDAN, ICI PRÉSENT, EST VENU ME TROUVER EN COMPAGNIE DE BEN CARRINGTON.

HENRY SHERIDAN ÉTAIT PERSUADÉ QUE L'ASSASSINAT DE SON FILS AVAIT ÉTÉ ORGANISÉ PAR DES GENS BÉNÉFICIANT DE COMPLICITÉS AUX PLUS HAUTS NIVEAUX FINANCIERS ET GOUVERNEMENTAUX. IL ÉTAIT DONC VENU ME DEMANDER DE L'AIDER A MENER SA PROPRE ENQUÊTE, EN MARGE DE L'ENQUÊTE OFFICIELLE.

CAR CELLE-CI, IL EN ÉTAIT CERTAIN, N'ABOUTIRAIT PAS.

CARRINGTON LUI AVAIT TOUT EXPLIQUÉ ET SON IDÉE ÉTAIT DIABOLIQUEMENT SIMPLE, DU MOINS EN THÉORIE : FAIRE CROIRE AUX TÊTES DU COMPLOT QUE ROWLAND AVAIT SURVÉCU À SES BLESSURES, AFIN DE LES AMENER À SE DÉCOUVRIR.

C'ÉTAIT FOU, MAIS JE NE POUVAIS FAIRE AUTREMENT QU'ACCEPTER.

ET GRÂCE AUX ÉNORMES FICHIERS DE MES SERVICES, JE TROUVAI RAPIDEMENT L'HOMME QU'IL NOUS FALLAIT :

UN MERCENAIRE CONNU SOUS LE NOM DE JASON FLY, SANS ATTACHES FAMILIALES, TRÈS ENTRAÎNÉ, INTELLIGENT ET DONT LA MORPHOLOGIE ÉTAIT QUASI IDENTIQUE À CELLE DE ROWLAND.

IL NE RESTAIT PLUS QU'À LE CONVAINCRE D'ACCEPTER LE RÔLE D'APPÂT QUE NOUS LUI PROPOSIONS.

SANS RIEN LUI CACHER DES RISQUES ÉNORMES DE L'ENTREPRISE.

COMMENT L'AVEZ-VOUS CONVAINCU ? L'ARGENT ?

JE SUIS UN VIEIL HOMME TRÈS RICHE, COLONEL. ET JE SUIS PRÊT À TOUT POUR DÉCOUVRIR LES ASSASSINS DE WILLIAM. MÊME SI CELA DOIT ME COÛTER JUSQU'À MON DERNIER SOU.

J'ORGANISAI DONC LA "MORT" ACCIDENTELLE DE FLY ET FIT ENTERRER DISCRÈTEMENT LE CORPS DE ROWLAND DANS SA TOMBE.

ENTRETEMPS, LE JUGE ALLENBY AVAIT ÉTÉ CHARGÉ PAR LE NOUVEAU PRÉSIDENT LUI-MÊME DE L'ENQUÊTE OFFICIELLE.

MAIS C'EST MOI, COLONEL AMOS, QUI VOUS AI FAIT DÉSIGNER POUR LE SECONDER SUR LE TERRAIN.

FLY PARTIT EN EUROPE SUBIR UNE SÉRIE D'OPÉRATIONS DE CHIRURGIE ESTHÉTIQUE EXTRÊMEMENT SOPHISTIQUÉES.

PUIS, AYANT ENDOSSÉ LE NOM DE JAKE SHELTON, IL REVINT PASSER SA CONVALESCENCE DANS LA CACHETTE OÙ J'AVAIS INSTALLÉ KIM ROWLAND : UN CHÂLET ISOLÉ AU BORD DU LAC KELLOWNEE.

MAIS VOUS CONNAISSEZ L'EXISTENCE DE CE CHÂLET, COLONEL...

LÀ, PATIEMMENT, KIM LUI RACONTA TOUT CE QU'ELLE SAVAIT DE L'HOMME QUI AVAIT ÉTÉ SON MARI.
ELLE LUI APPRIT À PARLER ET À SE COMPORTER COMME STEVE ROWLAND, EFFAÇANT SYSTÉMATIQUEMENT TOUT CE QUI POUVAIT SUBSISTER D'UN HOMME QU'ELLE N'AVAIT JAMAIS CONNU ET QUI S'ÉTAIT APPELÉ JASON FLY.

QU'ÉPROUVÈRENT-ILS DURANT CES SEMAINES PASSÉES ENSEMBLE ?
JE L'IGNORE.
UN BON AGENT N'A PAS DE SENTIMENTS.

MAIS KIM AVAIT TENU À ÊTRE PRÉSENTE LORSQU'IL DÉCOUVRIT SON NOUVEAU VISAGE.
LA RESSEMBLANCE ÉTAIT HALLUCINANTE.
SAUF LE REGARD.
AUCUNE CHIRURGIE AU MONDE NE PEUT MODIFIER LE REGARD D'UN HOMME.

ENTRETEMPS, BIEN SÛR, CARRINGTON ET MOI AVIONS PRÉPARÉ LE TERRAIN. ÉTANT DONNÉ NOS POSITIONS RESPECTIVES, IL NOUS ÉTAIT FACILE DE "REMANIER" COMME IL LE FALLAIT LES DOSSIERS TANT CIVILS QUE MILITAIRES DE ROWLAND.
Y COMPRIS EN CE QUI CONCERNE LES FAMEUSES EMPREINTES "TROUVÉES" SUR L'ARME QUI AVAIT TUÉ LE PRÉSIDENT.

TOUT ÉTAIT DONC EN PLACE POUR L'ÉTAPE DÉCISIVE :
LE PSEUDO ROWLAND ALIAS SHELTON DEVAIT RETOURNER À EASTOWN RÉCUPÉRER LE SALAIRE DE SON CRIME, L'ARGENT QUI SE TROUVAIT À LA NATIONAL TRUST BANK.
ET FAIRE EN SORTE QU'ON REMARQUE SON PASSAGE.
MAIS IL N'Y ARRIVA JAMAIS ...

LES AGENTS QUE J'AVAIS CHARGÉS DE SA PROTECTION FURENT RETROUVÉS SAUVAGEMENT MASSACRÉS.
FLY, LUI, AVAIT DISPARU.
AVAIT-IL TROP BIEN JOUÉ SON RÔLE ?
AVIONS-NOUS ÉTÉ TRAHIS ET PAR QUI ?
AUJOURD'HUI ENCORE, J'IGNORE CE QUI S'EST PASSÉ.

KIM PRIT MÊME LE RISQUE, SANS MON ACCORD, D'ALLER À SON TOUR JUSQU'À EASTOWN, OÙ ELLE MANQUA D'AILLEURS DE SE LAISSER SURPRENDRE PAR LES TUEURS DE LA MANGOUSTE.
EN VAIN. UNE FOIS DE PLUS, NOTRE PLAN SI SOIGNEUSEMENT PRÉPARÉ ÉCHOUAIT MISÉRABLEMENT.

CE NE FUT QUE BIEN PLUS TARD QUE NOUS APPRÎMES QUE FLY ÉTAIT TOUJOURS VIVANT.
VIVANT ET TOTALEMENT AMNÉSIQUE.
MAIS CETTE HISTOIRE-LÀ, VOUS LA CONNAISSEZ DÉJÀ...

JE COMPRENDS MIEUX À PRÉSENT VOTRE TOUCHANTE SOLLICITUDE POUR CE "PAUVRE GARÇON". ET L'ACHARNEMENT QUE VOUS METTIEZ À LE TIRER DU PÉTRIN DANS LEQUEL IL N'ARRÊTAIT PAS DE SE FOURRER. VOUS AURIEZ DÛ ME RACONTER TOUT CELA PLUS TÔT, GÉNÉRAL.

DIFFICILE TANT QU'ALLENBY ÉTAIT DANS LE PARCOURS...

QUAND VOUS ÊTES VENU À MON BUREAU L'AUTRE JOUR, VOUS ÉTIEZ PRÊT À M'ARRÊTER, N'EST-CE PAS ? D'OÙ LA PETITE COMÉDIE QUE J'AVAIS MISE AU POINT AVEC LE LIEUTENANT JONES. CE QUI A D'AILLEURS DÛ SÉRIEUSEMENT PERTURBER ALLENBY...

C'ÉTAIT BIEN MOI, EN EFFET, QUI AVAIS CONSTITUÉ LE DOSSIER BIDON DE ROSS TANNER. MAIS C'EST ALLENBY QUI S'EN EST SERVI POUR VOUS TENDRE UN PIÈGE CAR POUR L'ORGANISATION, VOUS ÉTIEZ DEVENU PLUS GÊNANT QU'UTILE. DANS VOTRE PARTIE, VOUS ÊTES TRÈS FORT, AMOS. ET VOUS COMMENCIEZ À DÉCOUVRIR TROP DE CHOSES.

OH OUI, JE SUIS TRÈS FORT. J'AI ÉTÉ MANIPULÉ D'UN BOUT À L'AUTRE DE MON ENQUÊTE. PAR ALLENBY D'UNE PART, ET PAR VOUS D'AUTRE PART. JE SUIS VRAIMENT TRÈS FORT...

N'AYEZ PAS D'AMERTUME, COLONEL.

VOUS ÊTES UN TROP VIEUX ROUTIER DES SERVICES SECRETS POUR IGNORER QUE CE DOUBLE JEU ÉTAIT NÉCESSAIRE. ET À PRÉSENT, NOUS AVONS BESOIN DE VOUS POUR FAIRE FACE À UN PROBLÈME BIEN PLUS GRAVE QU'UNE ENQUÊTE SUR L'ASSASSINAT D'UN PRÉSIDENT...

COLONEL AMOS, NOUS AVONS LÀ CERTITUDE QUE NOTRE PAYS VA FAIRE L'OBJET D'UN COUP D'ÉTAT!

QUE... QUE DITES-VOUS ?...

QUE CEUX QUI ONT FAIT ASSASSINER MON FILS VEULENT LE POUVOIR ABSOLU. ET QU'ILS NE RECULERONT DEVANT RIEN POUR SE L'ASSURER.

TOUS LES SONDAGES DONNENT WALLY SHERIDAN, LE JEUNE FRÈRE DE WILLIAM, GAGNANT AUX PROCHAINES PRÉSIDENTIELLES. CEUX QUI VEULENT LE POUVOIR DEVRONT DONC SOIT ÉLIMINER WALLY, SOIT AGIR **AVANT** LES ÉLECTIONS.

ET LA MEILLEURE OPPORTUNITÉ POUR RÉUSSIR UN TEL COUP D'ÉTAT SERA DE PROFITER DES GRANDES MANŒUVRES INTER-ARMES QUE LE PRÉSIDENT M'A ORDONNÉ DE METTRE SUR PIED. MANŒUVRES QUI DÉBUTERONT EXACTEMENT DANS **UN MOIS!**

45

FIN DE L'ÉPISODE
©1987 W. VANCE & J. VAN HAMME
COLORIAGE : PETRA

48

PRINTED IN BELGIUM BY
proost
INTERNATIONAL BOOK PRODUCTION